Renier-Fréduman Mundil

Das Moooondschaaaaf

30 Gdichte für mondsüchtige Rwachsene

Im Mond-November

Renier-Fréduman Mundil

Das
Moooondschaaaaf

30 Gdichte für mondsüchtige Rwachsene
Im Mond-November

FSC
www.fsc.org
MIX
Papier aus verantwortungsvollen Quellen
Paper from responsible sources
FSC® C105338

Impressum

Bibliografische Information der Deutschen Nationalbibliothek:
Die Deutsche Nationalbibliothek verzeichnet diese Publikation in der Deutschen Nationalbibliografie; detaillierte bibliografische Daten sind im Internet über http://dnb.dnb.de abrufbar.

Covergestaltung: Dan Winkler
Coverbilder: Mayliv, Isley, Liam und Avalie Schuh

Herstellung und Verlag: BoD – Books on Demand, Norderstedt

ISBN: 978-3-7578-9130-5

For

Noah

The most committed pianoplayer in our family
and master of developing new skills

Inhalt

Manche (und ich nehme mich nicht aus) haben manchmal die vermanschte Angewohnheit, das Pferd von hinten aufzuzäumen und ein Buch zuerst am Ende aufzuschlagen bzw. anzulesen. Wenn Sie bei diesem Buch auch so vorgegangen sind, werden Sie unbemerkt von der am Schluss stehenden Biographie in den Inhalt des Buches gerutscht sein. Das gleiche ist einigen Komponisten passiert, die Werke geschrieben haben, in denen einzelne Sätze nicht durch eine klare Pause (normalerweise für das Hüsteln unabdingbar) getrennt wurden, sondern nahtlos ineinander übergehen.

Übrigens sind das die besonders gefährlichen Stellen für „Falschapplaudierer". Sollten Sie beim Lesen des Buches unerwarteter Weise geneigt sein, zu applaudieren, nehmen Sie auf all das keine Rücksicht. Hüsteln Sie auch, wann immer Sie wollen, die Verse bzw. das Moooondschaaaaf werden es vertragen und nicht fluchtartig das Weite suchen.

Der Mond besitzt offensichtlich das Potenzial, Dinge zu beeinflussen und dadurch zwangsläufig durcheinander-zubringen im Sinne von: die bereits vorhandenen Lebenselemente kräftig durchzuschütteln, in andere Reihenfolgen zu bringen und von unterschiedlichen Seiten zu beleuchten. Derartiges versucht er auch in diesem Buch, indem er sich gemeinerweise mit einem Schaf zusammen-getan hat und das Leben von oben, unten, links, rechts, vorne und hinten betrachtet. Dafür unterzieht er sich der gewaltigen Mühe, die Erde zu umkreisen, um das Leben auf unserer Kugel von allen Seiten zu betrachten. Wenn etwas Seltsames auftaucht, fängt das Schaf an zu blöken und als kleinstmögliches Demokratieteam entscheiden beide, Mond und Schaf, ob die Beobachtung skurril genug ist, um bei Ihnen eingeführt zu werden. Bislang hat es jedoch keine Beobachtung geschafft, diese Zweierabstimmung als Urform demokratischen Verhaltens zu überstehen. Somit hat nichts Irdisches den Sprung von der Erde auf den Mond geschafft. Es lebt nur das Moooondschaaaaf als einziges Wesen auf dieser großen grauen Kugel, ernährt sich nicht von grünem Gras, Biofood, Luxussalaten oder Fastfood sondern von Wörtern und Gedanken, die sich von der Erde zu ihm verirrt haben, die vom Moooondschaaaaf verspeist werden und - es ist der Lauf der Dinge bzw. der Biologie - vom Moooondschaaaaf auch wieder....., naja, Sie wissen schon.

Allerdings läuft diese seltsame Kombination Moooondschaaaaf aus einem großen Klumpen Mond und einem winzigen Kleks Schaf Gefahr, von der Welt kurzerhand zur Persona non grata erklärt zu werden. Wir lassen uns vielleicht noch von vorn betrachten. Sind Körperteile zu groß geraten (Nase, Bauch) lassen wir uns jedoch ungern von der Seite beäugen; sind Körperteile ausgegangen (Haare), sind wir vermutlich wenig begeistert, eine Perspektive von oben abzugeben. Fehlt noch eine Betrachtungsperspektive, unten, egal....;

Stellen Sie sich einfach vor, ein Schaf steht auf dem Mond, der Mond umkreist Sie, mich und die anderen Zweibeiner wie eine lästige Fliege und das Schaf versucht aufzuschreiben, was es sieht. Dann erhalten Sie in etwa einen Eindruck, worum es in dem Buch geht. Und da der Mond uns zwölfmal umkreist hat das Schaf Umkreise-Bücher in den Mondstaub gekratzt, je nach Länge der monatlichen Reise zwischen 28 bis 31 Tagesblättern.

Da das Schaf selbstverständlich zwischendurch schlafen musste, hat es auf der Reise alles Mögliche wie Sternschnuppen, Meteoriten, Weltraumschrott usw. eingefangen und diese Dinge - als Aphorismen verkleidet - zwischen die Tagesblätter geklebt, für die eigenen und fremden Schlafpausen. Selbst von einem abgehärteten Moooondschaaaaf kann niemand verlangen, uns bzw. die Welt ununterbrochen ansehen zu müssen.

Gute (Umk-)Reise in, auf, durch, über, unter, neben oder einfach nur mit dem Mond-November!

***

Pädagogischer Abgesang oder blökende Zugabe

Der November ist der Bruder vom März, beide beginnen mit demselben Wochentag. Er hat dasselbe Schicksal wie der Oktober. Da der römische Kalender zwei Monate später begann stand der November im römischen Kalender an 9. Stelle und erhielt vom Lateinischem (novem/neun) seine Bezeichnung. Als ca. 150 Jahre nach Christi Geburt eine Kalenderreform durchgeführt wurde rutschte der November an seine heutige 11. Position im Jahr behielt aber (Macht der Gewohnheit) seinen alten Namen.

Es ist leicht verständlich, warum der November auch mit Windmond, Nebelmond und Trauermond bezeichnet wurde. Der November beherbergt die beiden gefährlichen Sternzeichen Skorpion und Schütze. In die trüben nassen Novembertage fällt der Volkstrauertag zur Erinnerung an die Millionen Toten der beiden Weltkriege sowie der Totensonntag. Der Totensonntag wird etwas freundlicher auch als Ewigkeitssonntag bezeichnet, wurde 1816 eingeführt und auf den letzten Sonntag des Kirchenjahres (also den letzten Sonntag vor dem 1. Advent) gelegt.

In diesen Monat fällt der für Deutschland geschichtsträchtige 9. November. Der 9. November ist übrigens der 313. Tag des Jahres. Die Zahl 313. enthält zwei besondere Zahlen, die 3 und die 13 und mystisch veranlagte Menschen hätten vielleicht einen Ansatz, warum viele bedeutende Ereignisse auf den 9. November fielen.

Ebenso geschichtlich beladen ist der 11. November, ein Tag, den die Gänse gern aus ihrem Kalender streichen würden. Auf den 11. November fällt der Todestag des Heiligen Martin, einem Bischof aus dem 4. Jahrhundert. Der Heilige Martin hatte eine besondere Lebensgeschichte. Mit 15 Jahren trat er in die römische Armee ein, teilte für einen fremden Bettler seinen Mantel, verließ die Armee, wurde Einsiedler, gründete die ersten Klöster und kümmerte sich um die Notleidenden. Solch ein Ausstieg ist nicht nur auch heute möglich, nein, wir benötigen viel mehr dieser Aussteiger. Als ein neuer Bischof gesucht wurde wollte Volkes Stimme Martin haben. Aus Bescheidenheit versteckte er sich jedoch im Gänsestall.

Die Gänse verrieten mit ihrem Geschnatter Martin, er wurde entdeckt und zum Bischof ernannt; heute lebt er in tausenden Kirchen als Namensgeber weiter und ist außerdem Schutzpatron von Frankreich, der Armen und Bettler, für einige auch der Reisenden, Geflüchteten und Gefangenen. Jede Menge Arbeit für St.Martin in der heutigen Zeit.Und die Gänse? Sie bezahlen noch heute ihren Verrat in Form der gebratenen Martinsgans. So will es jedenfalls eine Legende wissen.

Was für ein Monat dieser dunkle November, geradezu einladend, sich im Kerzenschein Geschichten zu erzählen.

Übrigens Schutzpatron. Der Erzengel Michael ist wahrscheinlich der Größte unter den Engeln. Kein Wunder, dass Deutschland sich ihn als Schutzpatron ausgesucht hat, es durfte hier schon immer alles etwas größer sein. Wenn sie aber hören, dass der Erzengel Michael auch der Schutzpatron Kiew's, der Hauptstadt der Ukraine, und des gesamten Landes ist erklärt dies die tiefe Verbundenheit, die viele Deutsche mit diesem Land und den von dort Geflüchteten empfinden.

Ihr novem(biertes) Inyanga-tupa, pardon, Ihr Moooondschaaaaf

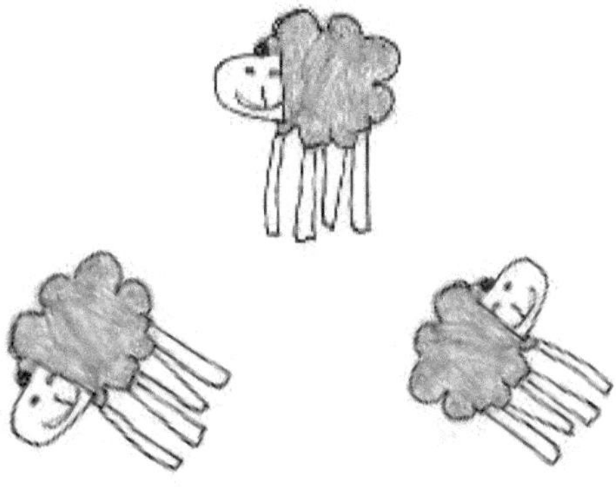

1. November

Schwarzes Lochgewissen

Ein Moooondschaaaaf
Traf
Ein schwarzes Loch.
Doch
Weil es selbst schwarz war
Geschah,
Dass es versehentlich das schwarze Loch
verschlang.
Irgendwann
Wurde das schwarze Loch vermisst.
Und mit
Unschuldsmine,
Als Zeichen innerer äußerer Sühne,
Beteiligte es sich am äußerlichen Nachforschen,
Anstatt in das eigene Gewissen hinein zu horchen.

*

**

***

Als Frau bringen Hebammen das Leben.
Der Sensemann wird's wieder nehmen.

*

**

***

2. November

Leerstaat

Das Moooondschaaaaf
Wollte einen Staat
Gründen.
Nur ließ sich niemand finden,
Untertan zu werden.
So importierte das Moooondschaaaaf Herden
Stimmvieh,
Die
Versprachen, das Moooondschaaaaf zu wählen.
Das Auszählen
Nach der Wahl konnte man sich sparen.
Es waren
Nur Ja-Stimmen auszumachen,
Sodass dem Stimmvieh das Lachen
Bald verging.
Denn das Moooondschaaaaf fing
Seine Herrschaft
Kraft
Seiner hundert Prozent
Als Regent
An,
Um dann,
Ab dem nächsten Tag

Als Diktat-
O(h)r weiter ohne demokratisches Kaschieren
Zu regieren.

*
*
*

Wir müssen lernen,
Der Weg zurück zu den Sternen
Hat
Keinen eingetretenen Pfad.

***

3. November

Geglau(b)tes Aber

Das kleine Moooondschaaaaf
Trat
Mit dem linken Fuß aus dem Bett auf.
Es wollte das Haus
Deshalb nicht verlassen.
Auf allen Straßen
Könnte das Unglück lauern.
Zu seinem Bedauern
Stand es ab dann
Fortan
Immer mit links auf.
So blieb es nicht aus,
Dass es zum Einsiedler wurd´.
Sein Gewicht betrug
Alles zusamm´n
Anderthalb Kilogramm,
Als man es leblos auf dem Bettrand
Fand.

*
* *
*   *
*   *
*   *
*   *
*

Der Mensch denkt.
Der Mensch lenkt.
Der Mensch hängt.

* * * * *

4. November

Grabinterview

Das
Mooooondschaaaaf
Gab
Ein Interview,
Um zu
Ruhm und Ehre zu kommen.
Unbenommen
Verdrehte es die ganze Zeit
Die Wahrheit,
Dass am Ende jeder dachte,
Der Mond und nicht sein Schaf lachte
Ihn an.
Irgendwann
Ist der Schwindel aufgeflogen.
Doch gut gelogen,
Denn an diesem Tag
Lag
Das Schaf
Bereits im Mondgrab.

Tränen, die nicht fallen sondern steigen
Wollen uns den Weg zum Himmel zeigen.

5. November

Gekippte Zigarette

Das
Moooondschaaaaf
Beschloss, Nichtraucher zu werden,
Die eigene Lunge nicht weiter zu verzehren.
Es band sich die Hände auf den Rücken,
Um an die Kippen
Nicht mehr heranzukommen.
Ein wenig unbesonnen,
Wie sich herausstellte.
Denn sein Gewicht zählte
Bald nur noch in Gramm
Und es nahm
Abschied von der Welt.

Das gesparte Geld
Von Zigaretten- und Essenabstinenz
Konnte es im letzten Hemd
Nicht mitnehmen.
Die Moooondschaaaaferben geben
Es mit vollen gelben Händen aus, denn sie brauchen
Das Erbgeld zum Zigaretten kaufen.

Kaffee
Ist der See,
In dem der Tag beginnt
Und der Abend versinkt.

6. November

Namensiebung

Ein Moooondschaaaaf
Schuf
Schiefe
Scharfe
Verschorfte
Moooondschiffe,
Als müsse
Es mit dem eigenen Namen
Schlitten fahren.

Von den menschlichen Herden
Werden
Selbst das kleinste und das größte Haupt
Am Ende zu Staub.

7. November

Vorselbstwurf

Das Moooondschaaaaf
Warf
Sich nach außen hin vor,
Ein Toooor
Zu sein;
Doch nur zum Schein.
Sonst schien
Ihm
Die eigene Person
Von
Unvergleichbarer Stärke zu sein.
Ein
Wesen,
Das jeden
Der vielen Laschen
In die eigenen Taschen
Stecken konnte.
Es sonnte
Sich,
Wenn auch nicht
Schlicht,
Im eigenen begrenzten Licht.

*

*

*

Wie bekommt man beim Erreichen
Der Lebensweichen
Ein Richtungszeichen?

8. November

Süchtig <-> tüchtig

Mooooondschaaaafe sind von Natur
Eine Spur
Mondsüchtig.
Mitunter sind sie tüchtig,
Fleißig und bescheiden.
Doch plötzlich neigen
Sie zu den größten Verrücktheiten
Und verweisen
Als Grund für dieses Übel
Auf den Kübel
Mondsüchtigkeit,
Der zu aller Leid-
Wesen
Jedem
Anhängt.

So ernennt
Man hiermit den Mond zum Übeltäter.
Doch was macht man später,
Wenn der Mond sich
Nicht
Mehr sehen lässt?
Und unterdes
Die Verrücktheiten

Weiter vom Ansteigen
Ergriffen sind?

****

Viele warten
Aus Frust
Mit dem (Durch-)starten
Bis nach dem Schluss.

****

9. November

Tödliche Steigung

Das Moooondschaaaaf
Las
Gerne Kriminalromane;
Dazu Erdbeer'n mit Sahne,
Damit das Verbrechen besser schmeckt.
Es leckt
Sich die Finger,
Wenn's immer
Schlimmer
Wird
Und führt
Einen Veitstanz auf,
Wenn zu Hauf
Leben liquidiert werden.
In Krimis sterben
Immer noch nicht genügend Leute,
Darum gibt's ab heute Kriegsfilme,
Damit der eigenen Birne
Aus dem Leid
Anderer ein netter Zeit-
Vertreib
Verbleibt.

Fernsehen
Ist geistiges Fremdgehen.

*

* *

10. November

Schwarze Elefanten im Spiegel

Manches Moooondschaaaaf
Kennt sich im Schwarz-
Sehen aus.
Die Maus
Wird zum Elefanten.
Ein Fauxpas der Verwandten
Zur Staatstragödie
Und ein paar wenige
Wolken machen gleich einen Weltuntergang.
Wer fand
Nicht schon solche Moooondschaaaafe
Als brave
Spiegelbilder in seinem Leben
Vor dem eigenen Spiegel stehen.

*

* *

***

****

*****

******

Wir leben,
Um zu geben
Und nicht, um zu nehmen.

*

 *

  *

   *

11. November

Toter Tod

Das
Moooondschaaaaf
Beschloss zu sterben.
Es ließ sich die Haare entfärben,
Rollte die Augen ein,
Bewegte kein
Bein,
Runzelte die alten
Hautfetzen zu grässlichen Falten
Und wartete auf den Tod.
Als dieser um die Ecke bog
Und das Moooondschaaaaf sah,
Traf
Ihn vor Schreck selbst ein Herzschlag.
So musste das Moooondschaaaaf eben
Auf ewig weiterleben.
PS: Allerdings mit
Dem geänderten Outfit
Und verbreitete an manchen Ecken
Herzschlagtodesschrecken.

*

*   *

Im Urlaub
Wird der Alltag zu Staub,
Doch eh‘ wir uns versehen
Wird der Alltag wieder auferstehen.

*   *

*

12. November

Unmögliche Stille

Das Moooondschaaaaf
Warf
Sich vor,
Auf keinem Ohr
Taub zu sein.
Im Schein
Der Töne von rechts und links
Ging´s
Zu wie im Taubenschlag.
Kein Tag,
Dessen halbe Fülle
Mit Stille
Gefüllt war.
So besah
Sich das Moooondschaaaaf
Und begab
Sich unter dem letzten Zipfel vom Weltallsaum
In einen (angeblichen) tonlosen Raum.

*

**

***

Die Weiten
Der Ewigkeiten
Begleiten
Uns durch die irdischen Vergänglichkeiten.

***

**

*

13. November

Verhüllter Inhalt

Das Moooondschaaaaf
Sprach,
Ich bin so schön,
Wenn mich alle Menschen sehn,
Wird von meinem Abglanz
Jeder auf der Erde ganz
In Schönheit erstrahlen.
Nur waren
Seitdem
Alle genau so wenig schön
Wie vor des Moooondschaaaafs Rede.
Jede
Schönheit kommt von innen.
Doch wie werden wir einander finden,
Wenn jeder frei und unbeschwert
Sein Inneres nach außen kehrt.

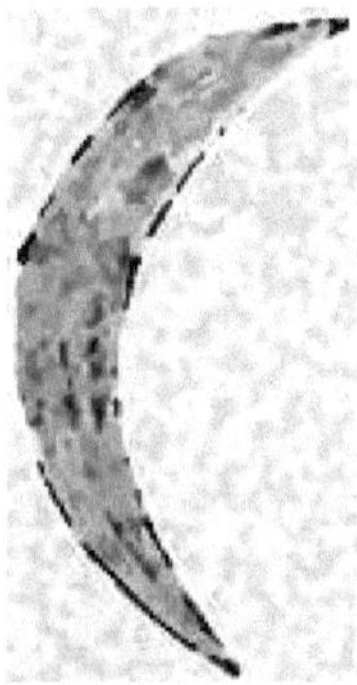

Alle Leben
Gehen
Bis sie stehen
Und fortschweben.

14. November

Geehrtes Ich

Das
Mooooondschaaaaf,
Das
Sich die Ehre gab,
Sich selbst guten Tag
Zu sagen
Musste sich hinterher selbst befragen,
Wem es dieses erste Mal
Eigentlich begegnet war.

***

**

*

Der Verstand
Ist die Wand,
Die uns von unseren Gefühlen trennt
Und dies Vernunft nennt.

*

**

***

15. November

Schuppige Tränen

Wenn Moooondschaaaafe
Ihre Klage
Anstimmen,
Schwimmen
Die Fische aus
Dem Wasser heraus
Und lassen ihre silbernen Schuppen
Als goldene Flocken
Auf den weinenden Augen
Tauen.

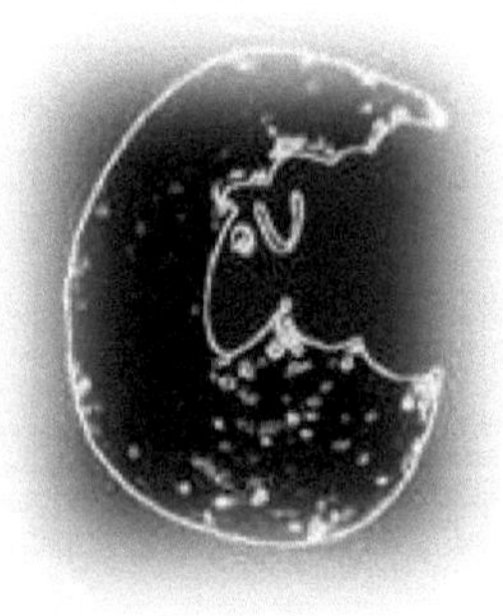

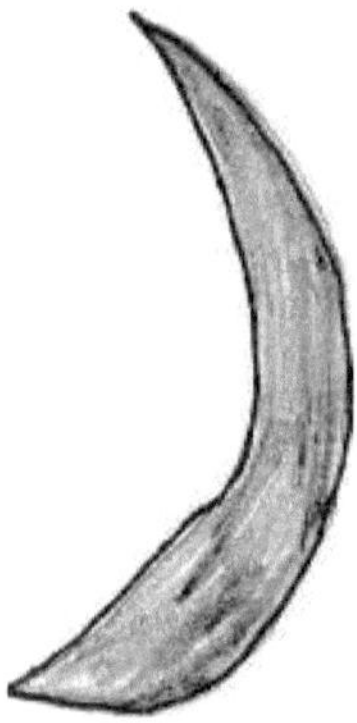

Leisetreter treten in Herden,
Damit Andere leise werden.

16. November

Strandversanden

Ein Moooondschaaaaf ging einst über´s Land
Und fand
Vom Mond nur
Noch die Spur.
Der verschwand
Im Meeressand,
Weil der Mond am hellen Tag
Die Dunkelheit des Meeres mag
Und nachdem die Sonne aufgestiegen,
Vereinsamt am Meeresgrund zu liegen.

Von der Wiege bis zur Bahre
Ist der Mensch nur Werbeware.

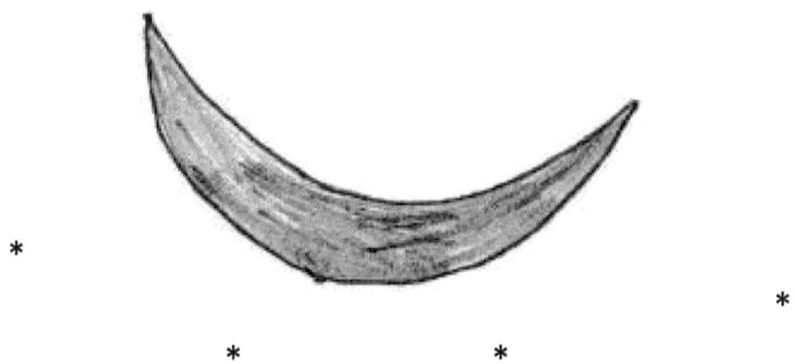

17. November

Blickwechsel – Wechselblick

Moooondschaaaafe
Strafen
Mit Moooondschaaaafblicken.
Inmitten
Von Freude
Wandeln sich Lebensgebäude
In dunkle Gemäuer.
Das Lebensfeuer
Erlischt
Und aus den Moooondschaaaafblicken spricht
Statt der Lebensfreude
Eine weite
Sehnsucht,
Ein Tuch,
Aus dem noch nie ein Moooondschaaaafblick
Zurück
Kam.

*

*   *

* * *

Ein Männlein steht im Walde,
Doch in Balde
Steht der Wald nicht mehr um
Uns Männlein herum.

*

*

*

18. November

Gewissenstod

Das Moooondschaaaaf
Vergab
Sich jeden Fehler.
Jeder
Sei unvollkommen. Sonnenklar
War
Diese Erkenntnis,
Bis
Sein Gewissen
Auf dem Ruhekissen
Erstarb.
Da ward
Dem Moooondschaaaaf bange,
Wie lange
Es noch leben würde.
Es führte
Sich selbst ins Gericht
Und ist bis heute nicht
Vom Gerichtssühnen
Zurückerschienen.

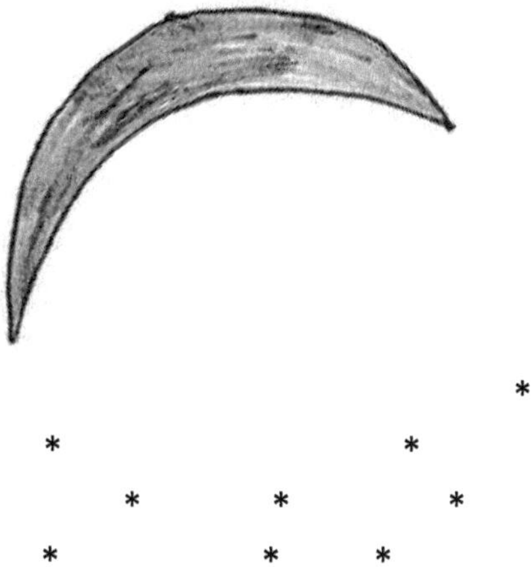

Horch was kommt von draußen rein,
Kann wohl nur ein Leisetreter sein.

19. November

Ich-Justiz

Das Moooondschaaaaf
Verklagt
Am Lebensende
Seine Lebensumstände:
Warum wurde ich geboren?
Habe Aktiengeld verloren,
Musste als Angestellter kriechen,
Smogverdreckte Luft schniefen,
Musste Zigaretten rauchen,
Tonnenweise Schnaps aussaufen,
Musste vor den Banken knien,
Für das Tun der Väter süh'n.
Musste in all den Jahren
Kilometerweise das Fernsehen ertragen.
Weil der Prozess nicht enden wollte
Rollte
Am Ende im hohen Gerichtshaus
Das Schicksal höchstpersönlich das Urteil aus:
Ob Du es glaubst oder nicht,
Ab morgen gibt es: Ewiglich.
Bevor das Moooondschaaaaf verstand,
Lag es im kalten Sand,
Weil es noch am selben Tag
Gleich nach der Urteilverkündigung starb:

Aus lebenslänglichem Gehorsam
Trat es sofort seine Strafe an.

*
* *
***

Der Apfel fällt nicht weit vom Stamm.
Doch das kann
Man nur den kleinen Bäumen
Einräumen.

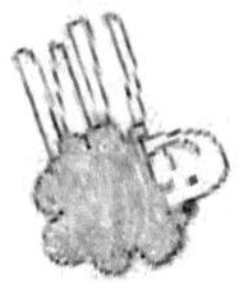

20. November

Erst scheiden dann schweigen

Das Moooondschaaaaf
Sprach
Zu sich selbst:
Was Fällt
Dir ein,
Mich mit einem inneren Mondschwein
Zu vergleichen.
Die Scheidung werde ich einreichen,
Mich von mir selber trennen
Und aller Welt die Gründe nennen,
Wenn Du es nicht bereust.
Seitdem schweigt
Das Moooondschaaaaf sich selber an
Und hofft, dass irgendwann
Sein zweites Ich
Wieder mit ihm spricht.

**

**

**

**

Die Grammatik
Ist der Sieg
Der Sturheit über die
Fantasie.

**

**

**

**

21. November

Subventionsruhe

Das Moooondschaaaaf
Sprach:
Wär ich eine Kuh
Könnte ich in Ruh'
Milch produzieren,
Während sich andere bekriegen,
Weil die Milchpreise fallen.
Allen
Subventionen zum Trotz,
Wer will den alten Zopf
Der Subventionen abschaffen.
Damit lassen
Sich keine Wahlen gewinnen.
So kam es binnen
Einer Legislaturperiode
In Mode,
Die Subventionen weiter auszubauen.
Schaf muss nur auf den Milchputz hauen.

*

*

***

**

Kann
Man
Auf krummen Wegen
Gradlinig gehen?

*

*

****

**

22. November

FFK Freies Fremdbestimmen Keins

Das Moooondschaaaaf beschloss,
Im Leben bloß
Nichts mehr zu beschließen.
Viele wissen,
Wie schwer Entscheidungen sind.
Wochenlang ringt
Man mit sich selbst, um festzustellen,
Dass man mit sekundenschnellen
Entscheidungen viel besser liegt.
Solches Wissen wiegt
In Form von Gedankenbissen,
Was auch alle wissen,
Verdammt schwer.
Das Moooondschaaaaf verkündete, wer
Für es entscheiden wollte,
Wie oft es täglich atmen sollte,
Würde dafür fürstlich belohnt,
Weil das die eignen Nerven schont.

Ein Fahrrad
Ist gespeicherter Draht.

23. November

(Ver-)dampfende VIP's

Das Moooondschaaaaf wurde VIP,
Um mit dem eigenen Glück
Das Leben Anderer zu bereichern.
Seitdem speichern
Pressedatenträger,
Selbst wenn dem Moooondschaaaaf wieder
Versehentlich Luft
Entfährt, denn auch dieser stinkende Duft
Dient dazu,
Die glückselige Lebensruh
Von Zuschauern
Mit Fundamentalem zu untermauern.

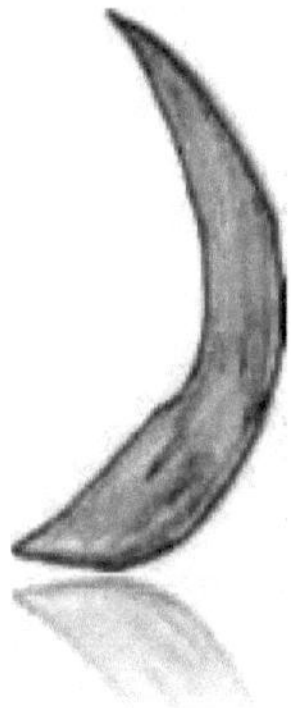

Vieles Betragen
Ist ein Angst haben.

24. November

Wa(h)re(s) Sonnenbaden

Das Moooondschaaaaf
Wollte sein Grab
Auf der Sonne haben.
Es kann nicht schaden
Im nächsten Leben
Neben
Einem Ofen zu liegen.
Geblieben
Ist am Ende ein Häufchen Asche,
Das der Mond in einer winzigen Tasche
In seinen Händen hält,
Jedem auf der Welt
Zu zeigen,
Was von allen bleiben
Wird,
Wenn man nicht mehr den eigenen Kopfe spürt.

Die Sprache
Ist die gefährlichste Waffe.

25. November

Lautloses Paradies

Das Moooondschaaaaf
Sprach:
Mein Kopf ist leer,
Drum spreche ich ab heut‘ nicht mehr.
In welches Paradies kämen wir nur hin,
Auch alle andren ließen diesen Unsinn.

! ! ! ! !

! ! !

! !

!

Mancher Preis
Ohne Fleiß.
Das ist ein großes Problem,
Vor dem wir steh'n.

!

! !

! ! !

! ! ! !

! ! ! ! !

26. November

Abfallgold

Das Moooondschaaaaf fand heraus,
Dass aus
Jeder Not ein Geschäft zu machen war.
Es war nun mal
Vom Abfall am meisten vorhanden.
Damit diese Berge verschwanden,
Ließ es sich fürstlich entlohnen,
Tat den Mond schonen
Und warf das ganze Abfallgut
In die Sonnenglut.
Doch anstatt sich die Sonne bedankte,
Erkrankte
Sie
An einer Abfallaspirationspneumonie.
Wie
Das
Moooondschaaaaf
Am nächsten Morgen erwachte,
Lachte
Die Nacht es noch immer an.
Anstelle der Sonnenbahn
Fand es ein schwarzes Loch
Mit einem abgebrannten Abfalldocht.

Manche verkünden,
Das Geld liegt auf der Straße.
Es ist nur so eine Sache,
Die richtige Straße zu finden.

27. November

Geraubte Schlaf(g)(K)unst

Wer glaubt,
Ein Moooondschaaaaf raubt
Einem den Schlaf,
Vergaß,
Dass jedermann
Zum Moooondschaaaaf mutieren kann.

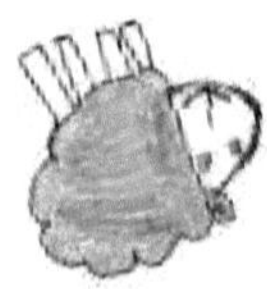

*

**

***** ****

Manch kleiner Spatz
Macht einen großen Satz.

***

**

*

28. November

Abgetötete Liebe

Das Moooondschaaaaf nahm Medizin
Um im
Leben weiter saufen
Zu können, nicht laufen
Zu müssen.
Auch damit beim Küssen
Jeder
Beteiligte Erreger
Trotz der Liebe
Durch Medikamentenhiebe
Beim Liebeslied
Verschied.

*

*

*

*

Der Wind
Beginnt
Und zerrinnt
Wie das Licht
Im Nichts.

*

*

*

*

29. November

Lass das! Was?

Moooondschaaaaf
Das
Buch las
Hund fraß
Moooondschaaaaf lass
Im Fass
Dass
Spaß
Lacht
Über Quatsch.

*

*

* * * * * * *

* * * * * * * * *

Die Politik
Ist ein Lied
Mit schöner Melodie
In Disharmonie.

*

*

*

*

30. November

Formales Formulares

Moooondschaaaafe
Können ohne Formulare nicht leben.
Sie haben diese eben
Zum Fressen gern.
Bald war zu hör'n,
Dass es ab dem heutigen Tag
Keine Formulare mehr gab.
Alle waren aufgefressen.
Unterdessen
Leben Moooondschaaaafe noch immer.
Schlimmer
Als mit Formularen kann das Leben
Eben
Doch nicht gewesen sein –
Könnte man jedenfalls mein'n.

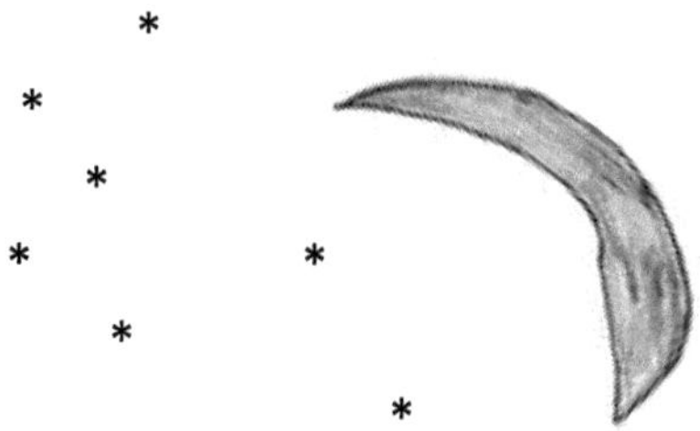

Der richtige Augenblick:
Ein seltenes Glück.

Inhaltsverzeichnis:

Biographie

Ich wurde auf der Erde und nicht auf dem Mond geboren. Damit hatte ich keine Chance bzw. lief nicht Gefahr, als Moooondschaaaaf auf die Welt (bzw. auf den Mond) zu kommen. Bis vor kurzem hatte ich nicht realisiert, dass es einen Mondkalender gibt. Der Versuchung, meinen Geborenentag im Mondkalender aufzusuchen, konnte ich nicht widerstehen.

Es war am fünften Tag nach Vollmond. Mein Leben lang war der Mond mein treuer Begleiter, selbst wenn ich ihm nur in wenigen kurzen Momenten, wie Mond- und Sonnenfinsternis oder während der ersten Mondlandlandung, mehr Beachtung ge-schenkt habe.

Ich habe vier Kinder (als Moooondschaaaaf hätte ich vier Mondlämmer). Da ich am 5. Tag nach Vollmond geboren wurde, hat der Mond offensichtlich pietätsvoll keinen Einfluss auf die Anzahl der Kinder genommen. Der Mondkalender hat mir nebenbei verraten, dass ich an einem Montag (genau genommen Mondtag) geboren wurde. Wahrscheinlich zählt deshalb, wie bei vielen anderen, der Mond(t)ag nicht gerade zu meinen Lieblingswochentagen. Mehr als 2080 mal habe ich mich nach der Oase des Wochenendes in den gelittenen Berufsalltag gestürzt. In welchen?, werden Sie sich vielleicht fragen. In den Beruf des Mondarztes. Möchten Sie Gründe für die Berufs-wahl wissen, dann konsultieren Sie am besten den Mond. Aber vielleicht weiß (auch) er es nicht. Ich wurde fünf Tage nach

Vollmond, also in der Phase abnehmenden Mondes, geboren. Möglicherweise besteht dadurch ein Zusammenhang zwischen Mond und Berufswahl, denn die Anzahl der Ärzte befindet sich in der abnehmenden Phase. Wozu auch ich seit knapp sechs Monaten beitrage, wie andere befinde ich mich in der Mondrentenphase. Leider hat der Mond nicht auf alles einen Einfluss. In Zeiten einer Diät konnte ich nicht feststellen, dass sich meine Geburt in einer abnehmenden Mondphase unterstützend bei der Gewichts-abnahme ausgewirkt hat.

Mehr als 2250 Mondwochen bin ich verheiratet. Meine Moooondschaaaafin hat am Zustande-kommen dieses Buches wesentlichen Anteil. Aus unseren vier Mond-lämmern sind sechzehn Mond-Enkellämmchen geworden. Die ältesten mutieren (pubertieren) gerade in Mondschaflämmer.

Wo wir wohnen? Hinter dem Mond. Jedenfalls ist mir dies mehrfach im Leben von anderen bestätigt worden. Fragen Sie bitte nicht, wie ich dahin gekommen bin. Jedenfalls nicht mit einer Rakete wie ein Super-astronaut. Ich denke, der Mond hat sich einfach vorgedrängelt, sich vor mich gestellt, so dass ich automatisch hinter den Mond gerutscht bin bzw. dort lebe. Wenn ich mich umschaue, bin ich bei Weitem nicht der Einzige. Übrigens, trotz des Gedränges sind die Immobilienpreise hier hinter dem Mond noch erstaunlich niedrig.

Ob der Mond einen Einfluss hat, außer auf besagter Weise, wenn man hinter dem Mond lebt? Das kann ich nicht sagen. Es könnte sein. Denn wenn Etwas hinter Etwas ist, dann kann dieses erste Etwas schließlich vorkommen. Vorkommen im Sinn von Vorhandensein aber eher nicht, denn Etwas, das hinter ist, kann gleichzeitig nicht vor sein. Aber lassen wir das, der Mond kann einen ganz schön durcheinanderbringen. Und wer schreibt schon gern in eine Biographie, dass er durcheinander ist?